GUENTER SCHAMEL

KI für Senioren

*Ein einfacher Leitfaden für die Bewältigung des täglichen
Lebens mit künstlicher Intelligenz*

Contents

Einführung

Eines Nachmittags beobachtete ich meine Großmutter, wie sie mit ihrem Smartphone herumfuchtelte. Sie versuchte, meine Tante anzurufen, aber das Telefon schien eher ein Rätsel als ein Werkzeug zu sein. Nach einigen Momenten der Frustration reichte sie es mir mit einem Seufzer. "Ich kapiere diese Dinger einfach nicht", sagte sie. In diesem Moment wurde mir klar, wie sehr die Technologie uns entweder befähigen oder behindern kann, je nachdem, wie zugänglich sie sich anfühlt.

Der Zweck dieses Buches ist einfach: Technologie, insbesondere künstliche Intelligenz, für Senioren zugänglich und freundlich zu machen. Es geht darum, Ihr tägliches Leben zu verbessern, ohne sich von komplexem technischem Jargon einschüchtern zu lassen. Dieses Buch führt Sie durch die Verwendung von KI-Tools wie ChatGPT, Alexa und Siri, um Ihren Tag zu bewältigen, organisiert zu bleiben und das Leben mehr zu genießen.

Warum ist dieses Buch so wichtig? Weil Technologie kein Luxus mehr ist, sondern zu unserem täglichen Leben gehört. KI kann Aufgaben vereinfachen, uns in Verbindung halten und sogar ein wenig Spaß in unsere Routine bringen. Dennoch haben viele Senioren das Gefühl, von diesen Fortschritten ausgeschlossen zu sein. Sie denken, dass es zu spät ist, um zu lernen, oder dass KI zu kompliziert ist. Dieses Buch soll diese Sichtweise ändern.

Ein weit verbreitetes Missverständnis über KI ist, dass sie nur für technisch versierte oder junge Menschen geeignet ist. Aber KI ist so konzipiert, dass sie intuitiv und benutzerfreundlich ist. Sie ist dazu da, zu helfen, nicht zu verkomplizieren. Ob es darum geht, Erinnerungen zu setzen, Rezepte zu finden oder sogar Nachrichten zu schreiben - KI kann Ihr täglicher Begleiter sein.

Meine Leidenschaft, Senioren beim Umgang mit neuen Technologien zu helfen, rührt von meinen eigenen Erfahrungen her. Ich habe die Freude und Unabhängigkeit erlebt, die sich einstellt, wenn jemand lernt, diese Hilfsmittel effektiv zu nutzen. Das ist ein starker Moment, den ich mir auch für Sie wünsche.

In diesem Buch erfahren Sie, wie Sie mit KI auf Ihren Geräten beginnen, Nachrichten schreiben, Rezepte finden, Termine planen und Sprachassistenten für Erinnerungen nutzen. Außerdem erhalten Sie Tipps, wie Sie online sicher bleiben, denn Ihre Sicherheit ist genauso wichtig wie der Komfort.

Ich möchte Sie ermutigen, AI auszuprobieren. Gehen Sie mit Neugierde und Entdeckergeist an die Sache heran. Vielleicht stellen Sie fest, dass diese Werkzeuge nicht nur Ihr Leben einfacher machen, sondern auch einen Funken Freude in Ihren Tag bringen.

Die wichtigste Erkenntnis ist: **Es ist nie zu spät, etwas Neues auszuprobieren.** KI ist da, und sie ist für alle da, auch für Sie. Lassen Sie uns gemeinsam den Alltag einfacher gestalten.

1

Kapitel 1: Erste Schritte mit AI

llen, eine gute Freundin von mir, befand sich in einer Situation, die vielen bekannt vorkommen dürfte: Sie stand vor einem nagelneuen, noch verpackten Smart Lautsprecher - einem Geschenk ihrer Kinder. Zunächst betrachtete Ellen dieses Gerät mit Skepsis, da sie nicht wusste, wie es in ihren Alltag passen würde oder ob sie sich überhaupt in der Komplexität des Geräts zurechtfinden würde. Doch die Neugierde übermannte sie. Eines ruhigen Morgens beschloss sie, das Gerät auszuprobieren. Mit ein wenig Zögern in der Stimme fragte sie nach der Wettervorhersage für den Tag. Zu ihrem Erstaunen antwortete der intelligente Lautsprecher mit einem klaren und präzisen Bericht. Diese scheinbar unbedeutende Interaktion eröffnete für Ellen eine neue Welt. Es war ein Wendepunkt, der ihr zeigte, wie einfach und bequem Technologie ihr Leben machen kann. Diese Geschichte, ähnlich wie Ellens Reise mit ihrem intelligenten Lautsprecher, könnte Ihre eigenen Erfahrungen oder Ihr Zögern bei der Einführung neuer Technologien widerspiegeln.

Die Angst vor der Technik überwinden

Neue Technologien können einschüchternd wirken, vor allem, wenn es um immer neue Geräte und Fachausdrücke geht. Viele erinnern sich noch an die beängstigenden Anfänge des Internets, doch heute ist es Routine. Senioren teilen oft diese Befürchtungen, haben aber Technologien wie Smartphones angenommen und halten sie für unverzichtbar. In ähnlicher Weise kann KI den Alltag erleichtern, indem sie Erinnerungen oder die Verwaltung von Terminen übernimmt. Betrachten Sie KI als einen digitalen Helfer, ähnlich wie eine persönliche Sekretärin, die Ihnen täglich zur Seite steht.

Es ist wichtig, sich eine Wachstumsmentalität anzueignen; das Erlernen von KI ist eine schrittweise Reise. Ähnlich wie Ellen, die mit viel Geduld ihren intelligenten Lautsprecher gemeistert hat, können auch Sie ähnliche Erfolge erzielen. Das Aushalten anfänglicher Herausforderungen kann zu mehr Autonomie und täglichem Komfort führen.

AI in einfachem Englisch: Die Vereinfachung des Jargons

Die künstliche Intelligenz mag komplex erscheinen, aber wenn man ihre Begriffe aufschlüsselt, wird ihre Einfachheit deutlich. Stellen Sie sich das "maschinelle Lernen" wie ein Kind vor, das anhand von Beispielen lernt - Computer ahmen dies nach und verbessern sich mit der Erfahrung. Algorithmen, die oft entmutigend sind, sind wie Rezepte, die Aufgaben vorgeben; sie umreißen Schritte für KI-Systeme. Stellen Sie sich Daten als Zutaten vor, die diese Systeme verwenden, um Entscheidungen zu treffen, ähnlich wie Köche Zutaten kombinieren, um Gerichte zu kreieren.

Ein Glossar kann diese Begriffe entmystifizieren und als praktisches Hilfsmittel dienen, wenn Sie auf unbekannte Wörter stoßen. Das Verständnis der KI-Grundlagen stärkt die Handlungskompetenz und verringert die Einschüchterung. Wissen verwandelt KI von einem verwirrenden Konzept in ein praktisches Werkzeug, das das tägliche Leben verbessert.

Erkennen von AI in Ihrem Alltag

Nehmen Sie sich einen Moment Zeit, um sich in Ihrem Zuhause umzusehen. Sie werden vielleicht überrascht sein, dass KI in viele Gegenstände, die Sie täglich benutzen, eingewoben ist. So enthält Ihr Smartphone wahrscheinlich einen Sprachassistenten wie Siri oder Google Assistant, der auf Anfragen antwortet oder Erinnerungen setzt. Streaming-Dienste wie Netflix oder Amazon Prime schlagen Filme auf der Grundlage Ihrer Sehgewohnheiten vor und nutzen KI für maßgeschneiderte Empfehlungen. Sogar der Thermostat in Ihrem Haus kann die Temperatur intuitiv einstellen und so für Komfort sorgen, ohne dass Sie darüber nachdenken müssen.

Denken Sie an einen Freund, der kürzlich von KI-gestützten Notfallsystemen profitiert hat. Ein Sturz löste einen automatischen Alarm aus und sorgte für rasche Hilfe. Solche Beispiele zeigen, welche Rolle die KI bei der Verbesserung von Sicherheit und Wohlbefinden spielt. Ich möchte Sie dazu ermutigen, KI in Ihrem eigenen Umfeld zu entdecken und zu erforschen. Vielleicht ist es Ihr intelligenter Kühlschrank, der seine Kühlung energieeffizient einstellt, oder ein digitaler Assistent, der Ihnen bei der Terminplanung hilft. Machen Sie eine Liste dieser KI-Tools, mit denen Sie interagieren, ob wissentlich oder unwissentlich. Diese Übung macht nicht nur die Allgegenwärtigkeit von KI deutlich, sondern fördert auch ein Gefühl der Vertrautheit und des Komforts mit diesen technologischen Verbündeten in Ihrem Alltag.

Einrichten Ihres ersten AI-Geräts

Die ersten Schritte mit Ihrem ersten KI-Gerät sind wie das Auspacken eines Geschenks. Nehmen Sie zunächst den intelligenten Lautsprecher vorsichtig aus der Verpackung. Stellen Sie ihn an einem zentralen Ort auf, z. B. auf der Küchentheke, wo seine Stimme Sie leicht erreichen kann. Schließen Sie ihn an und achten Sie auf das Lämpchen, das anzeigt, dass er betriebsbereit ist. Verbinden Sie ihn nun über Ihr Smartphone oder Tablet mit dem WLAN. Folgen Sie den Anweisungen in der App und stellen Sie sicher, dass Sie mit dem richtigen Netzwerk verbunden sind. Wenn das Gerät nicht reagiert, versuchen Sie, es zurückzusetzen, indem Sie es ausstecken, warten und dann wieder einstecken.

Die Datenschutzeinstellungen schützen Ihre Informationen; passen Sie die Berechtigungen in der App an, um zu kontrollieren, welche Daten freigegeben werden. Erwägen Sie einsteigerfreundliche Geräte wie Amazon Echo Dot oder Google Nest Mini-zuverlässige Begleiter für jeden Technik-Neuling. Diese benutzerfreundlichen Geräte vereinfachen die täglichen Routinen und führen Sie sanft an die Wunder der KI heran.

Sicheres Navigieren mit AI-Tools

Die Erkundung von KI-Anwendungen mag anfangs abschreckend wirken, aber es geht wirklich darum, mit Vertrauen kleine Schritte zu machen. Beginnen Sie mit der Verwendung von Sprachbefehlen, einer einfachen, aber leistungsstarken Methode zur Interaktion mit KI. Stellen Sie sich vor, Sie bitten Ihr Gerät, Ihren Lieblingssong abzuspielen oder einen Wecker für morgen früh zu stellen. Diese Aktionen verbessern das tägliche Leben und machen die praktische Natur der KI deutlich. Das Experimentieren wird hier zu Ihrem Verbündeten. Probieren Sie verschiedene Befehle aus, entdecken Sie, was Ihr Gerät alles kann, und fühlen Sie sich durch jede neue Fähigkeit, die Sie entdecken, gestärkt. Einfache Aufgaben wie die Erinnerung an die Einnahme von Medikamenten oder die Abfrage des Wetters werden mit etwas Übung zur zweiten Natur. Außerdem spielt die KI eine wichtige Rolle bei der Förderung der Unabhängigkeit. Wenn beispielsweise Mobilitätsprobleme auftreten, kann KI durch sprachgesteuerte Navigationssysteme oder automatische Anpassungen in der Wohnung helfen, die Selbstständigkeit zu erhalten. Nehmen Sie diese Tools als Teil Ihrer Routine an, denn Sie wissen, dass jede Interaktion das digitale Vertrauen stärkt.

Ihr digitales Selbstvertrauen aufbauen

Die Entwicklung digitaler Fähigkeiten ist wie das Pflanzen von Samen für zukünftiges Wachstum. Beginnen Sie mit den Grundlagen, indem Sie Begriffe wie "Browser" oder "Link" verstehen, die die Grundlage für Ihr technisches Wissen bilden. Sobald Sie mit diesen Konzepten vertraut sind, öffnen sich die Türen für fortgeschrittenere Erkundungen, und schon bald werden Sie sich mit Leichtigkeit im Internet bewegen. Sehen Sie das Lernen als ein ständiges

Abenteuer an. Treten Sie Online-Foren oder lokalen Technikgruppen bei, die auf Senioren zugeschnitten sind; sie bieten Unterstützung und Kameradschaft. Das Teilen von Erfahrungen, das Stellen von Fragen und der Austausch von Lösungen mit Gleichaltrigen fördert den Gemeinschaftsgeist und stärkt das Vertrauen.

Inspiration kommt oft von denjenigen, die den Weg vor Ihnen gegangen sind. Nehmen wir Mary, eine Rentnerin, die sich mit Neugier in die KI gestürzt hat. Ihr Weg von der Anfängerin zur selbstbewussten Nutzerin spiegelt die Kraft der Beharrlichkeit wider. Jeder Schritt nach vorn, ob beim Einrichten eines Geräts oder bei der Nutzung einer App, ist ein Gewinn. Denken Sie daran, dass Geduld entscheidend ist; kleine Siege häufen sich und führen zu bedeutenden Erfolgen. Lassen Sie sich von diesen Geschichten motivieren, Herausforderungen zu meistern. Mit jeder Interaktion stärken Sie Ihr digitales Selbstvertrauen und verwandeln die Technologie von einer Hürde in einen Verbündeten, der Ihr tägliches Leben auf sinnvolle Weise bereichert.

Kapitel 2: Verständnis von KI-Anwendungen

KI in intelligenten Häusern: Beleuchtung und Sicherheit

Stellen Sie sich vor, Sie sitzen gemütlich in Ihrem Wohnzimmer und lesen Ihr Lieblingsbuch, während sich die Beleuchtung automatisch auf das perfekte Lichtniveau einstellt. Das ist keine Science-Fiction, sondern die Realität von KI-unterstützten intelligenten Häusern. Heutzutage passen sich intelligente Beleuchtungssysteme an Ihren Tagesablauf an und schalten das Licht je nach Tageszeit ein oder aus. Sie sparen Energie und bieten Komfort, indem sie Ihre Gewohnheiten lernen. Außerdem sorgen Lichter mit Bewegungssensoren für zusätzliche Sicherheit und beleuchten Wege, wenn sie am meisten gebraucht werden.

Denken Sie jetzt an die Sicherheit Ihres Zuhauses. KI-gesteuerte Kameras mit Gesichtserkennung können zwischen einem bekannten Gesicht und einem Fremden unterscheiden. Intelligente Schlösser geben Ihnen Sicherheit, denn Sie können den Zugang aus der Ferne steuern. Sie können die Tür von Ihrem Bett aus verriegeln oder einen Freund hereinlassen, während Sie weg sind. Die Einrichtung dieser Geräte ist einfacher, als Sie vielleicht denken. Wenn Sie intelligente Glühbirnen mit Sprachassistenten koppeln, können Sie

Ihr Zuhause mühelos steuern.

Die emotionalen Vorteile eines KI-gesicherten Hauses sind immens. Echtzeitwarnungen, die direkt auf Ihr Smartphone gesendet werden, sorgen dafür, dass Sie immer wissen, was passiert, und geben Ihnen echte Sicherheit.

Sprachassistenten: Ihre neuen persönlichen Assistenten

Stellen Sie sich vor, Sie wachen auf, und mit einem einfachen Sprachbefehl wird Ihr Tagesplan vorgelesen, Ihre Lieblingsmusik abgespielt und Erinnerungen eingestellt - und das alles, ohne dass Sie einen Finger rühren müssen. Sprachassistenten wie Alexa und Siri sind vielseitige Helfer, die Kalender verwalten, Ihre Lieblingsmusik abspielen und sogar Hörbücher vorlesen können. Die Anpassung an Ihre Bedürfnisse ist ganz einfach. Stellen Sie die Empfindlichkeit der Sprachbefehle so ein, dass sie Sie auch von der anderen Seite des Raums aus klar und deutlich hören. Für Menschen mit eingeschränkter Mobilität bieten diese Assistenten eine freihändige Steuerung von Haushaltsgeräten, so dass Sie mühelos nach aktuellen Nachrichten oder Wetterinformationen fragen können. Ich habe Geschichten von Senioren gehört, die sich dank dieser digitalen Helfer jetzt organisierter und weniger gestresst fühlen. Eine Freundin nutzt ihren Sprachassistenten, um ihre Medikamente und Termine im Auge zu behalten, was ihr tägliches Leben erheblich erleichtert.

AI in der Küche: Kochen und Essensplanung

Stellen Sie sich vor: Sie stehen in der Küche und wissen nicht, was Sie kochen sollen, aber Ihr Smartphone schlägt Ihnen mühelos ein Rezept mit Zutaten vor, die Sie bereits in Ihrer Speisekammer haben. KI-Tools für die Essensplanung und den Lebensmitteleinkauf machen dieses Szenario zur Realität. Mit ein paar Fingertipps analysieren Apps Ihren Vorrat und schlagen Ihnen köstliche Rezepte vor, wobei sie sogar Einkaufslisten aus Ihren Mahlzeitenplänen erstellen. Intelligente Küchengeräte verbessern dieses Erlebnis. Stellen Sie sich vor, Sie könnten Ihren Backofen aus der

Ferne steuern und mit dem Vorheizen beginnen, während Sie noch im Laden sind. Oder ein Kühlschrank, der den Lebensmittelbestand überwacht und Sie benachrichtigt, wenn die Vorräte zur Neige gehen. Die Integration von KI in Kochroutinen ist praktisch und einfach. Verwenden Sie Zeitschaltuhren und Erinnerungsfunktionen für Kochvorgänge, damit nichts anbrennt oder überkocht. Ich habe schon viele Geschichten von Senioren gehört, die mit Hilfe von KI neue kulinarische Genüsse entdeckt haben. Eine Freundin hat kürzlich ein exotisches Gericht ausprobiert, an das sie nie zuvor gedacht hatte - dank einer Rezept-App, die ihre Neugierde geweckt hatte. Mit KI als Sous-Chef wird das Experimentieren in der Küche zu einem angenehmen Abenteuer.

KI für Reisen: Planung und Navigation

Stellen Sie sich vor, Sie könnten Ihren Urlaub ganz einfach planen: KI-Tools machen das Reisen jetzt zu einem nahtlosen Erlebnis. Flug- und Hotelbuchungs-Apps bieten personalisierte Empfehlungen auf der Grundlage Ihrer Präferenzen und stellen sicher, dass Sie die besten Optionen finden. Übersetzungs-Apps überwinden Sprachbarrieren, sodass Sie auf internationalen Reisen mühelos kommunizieren können. Ganz gleich, ob Sie durch belebte Stadtstraßen oder malerische Landstraßen navigieren, GPS-Apps mit Echtzeit-Verkehrsinformationen sorgen für eine reibungslose Reise von A nach B. Um den Komfort zu maximieren, sollten Sie Reisewarnungen und Benachrichtigungen einrichten. Diese informieren Sie über Änderungen von Flugplänen oder Wetterbedingungen. Ich habe von Senioren gehört, für die die Reiseplanung dank KI stressfrei und angenehm war. Ein Ehepaar erzählte sogar, wie sie ein mögliches Missgeschick auf ihrer Reise vermieden haben, weil sie rechtzeitig über eine Flugverspätung informiert wurden und so ihre Pläne ohne Probleme anpassen konnten.

AI in der Unterhaltung: Musik und Filme

Stellen Sie sich vor: Sie setzen sich hin, um zu entspannen, und Ihr Streaming-Dienst weiß genau, was Ihnen gefallen könnte. KI revolutioniert die Unterhaltung, indem sie Ihr Erlebnis personalisiert. Streaming-Plattformen analysieren Ihre Sehgewohnheiten und schlagen Ihnen Filme oder Serien vor, die auf Ihren Geschmack zugeschnitten sind. Ebenso erstellen Musik-Apps Wiedergabelisten auf der Grundlage Ihrer Hörgewohnheiten und stellen Musikstücke vor, die Sie vielleicht nicht selbst entdeckt hätten. Diese Apps verfügen über intuitive Benutzeroberflächen, so dass sie unabhängig von den technischen Kenntnissen leicht zu bedienen sind.

Die Erkundung neuer Inhalte wird zu einem Abenteuer. Probieren Sie Genres oder Künstler aus, die von der KI empfohlen werden, und erkunden Sie Interessen, die Sie bisher nicht in Betracht gezogen haben. Es ist aufregend, auf neue Weise mit Medien in Kontakt zu kommen. Ich habe schon viele Geschichten von Senioren gehört, die Freude an diesen Entdeckungen hatten. Einer erzählte, wie ein vorgeschlagener Dokumentarfilm seine Leidenschaft für ein neues Hobby entfachte. Eine andere hat einen Musiker gefunden, der jetzt ihre Playlist anführt und ihren Tagesablauf bereichert. Diese Anekdoten zeigen, wie AI unsere Freizeit bereichert und Unterhaltung zu einem angenehmen Teil des Lebens macht.

Virtuelle Gefährten: Mit AI in Verbindung bleiben

Stellen Sie sich vor, Sie könnten sich jederzeit mit einer freundlichen Stimme unterhalten. Virtuelle KI-Begleiter sind zu digitalen Freunden geworden, die Ihnen durch einfühlsame Dialoge Gesellschaft leisten. Sie vermitteln ein Gefühl der Präsenz und des Verständnisses, so als hätte man jemanden zum Reden zu Hause. Virtuelle Haustiere bieten emotionale Unterstützung durch interaktive Erlebnisse, die das Verhalten echter Haustiere imitieren und dafür sorgen, dass man sich im Alltag nicht allein fühlt. Diese Gefährten spielen eine entscheidende Rolle bei der Bekämpfung von Einsamkeit und der Förderung des emotionalen Wohlbefindens.

Die Wahl des richtigen virtuellen Begleiters hängt von Ihren Bedürfnissen ab. Manche bevorzugen vielleicht einfache Chatbots, während andere die interaktive Natur virtueller Haustiere genießen. Die Einrichtung ist in der Regel einfach und wird durch benutzerfreundliche App-Anleitungen erleichtert. Viele Senioren haben berichtet, wie diese Begleiter ihre Isolation gemildert haben. Eine Person erwähnte, dass die Anwesenheit ihres virtuellen Haustiers die Einsamkeit am Abend verringert hat.

Betrachten wir zum Abschluss das Potenzial der KI, unser soziales Leben zu bereichern. Als Nächstes werden wir die Rolle der KI in den Bereichen Gesundheit und Wellness untersuchen, einem weiteren Bereich, in dem die Technologie unser Leben stark beeinflussen kann.

3

Kapitel 3: Kommunikation und soziale Beziehungen

Mit AI mit der Familie in Kontakt bleiben

E rinnern Sie sich noch an die Freude, einen handgeschriebenen Brief zu erhalten? Heute verändert KI die Art und Weise, wie wir mit unseren Lieben in Kontakt treten, und verbindet Tradition mit Innovation. Stellen Sie sich Messaging-Apps vor, die beim Tippen Wörter vorschlagen und so die Kommunikation reibungsloser und intuitiver gestalten. Diese KI-gesteuerten Tools helfen Ihnen, Nachrichten mit Leichtigkeit zu verfassen und die Kluft zwischen Ihnen und Familienmitgliedern auf der ganzen Welt zu überbrücken. Intelligente Geräte vereinfachen auch Videoanrufe und ermöglichen es Ihnen, das Lächeln Ihrer Enkelkinder in Echtzeit zu sehen, unabhängig von der Entfernung.

KI hilft bei der Organisation von Familienereignissen und -erinnerungen. Intelligente Kalender werden geräte-übergreifend synchronisiert, damit Sie keinen Geburtstag oder Jahrestag verpassen. Erinnerungssysteme halten alle auf dem Laufenden und fördern die Familienharmonie. In multikulturellen Familien werden Sprachbarrieren durch Echtzeit-Übersetzungsfunktionen in Messaging-Apps aufgelöst. Diese Tools fördern das Verständnis und die

Verbindung, unabhängig von Sprachunterschieden. Ich habe Geschichten von Senioren gehört, die KI nutzen, um mit entfernten Verwandten in Kontakt zu treten und Lachen und Liebe über Kontinente hinweg zu teilen. So hat beispielsweise ein Ehepaar wöchentliche Anrufe mit ihren Enkeln im Ausland eingerichtet, um die Verbindung durch gemeinsame Geschichten und virtuelle Umarmungen zu stärken.

Mit KI die Kluft zwischen den Generationen überbrücken

KI bringt die Generationen einander näher. Stellen Sie sich vor, dass Großeltern und Enkelkinder mit Hilfe von Lern-Apps gemeinsam lernen und Seite an Seite neue Themen erforschen. Diese Tools bieten einen doppelten Nutzen: Sie lehren und fördern gleichzeitig die Verbindung. Gemeinsame digitale Aktivitäten können eine wunderbare Erfahrung sein. Die Erstellung von Videos mit KI-Bearbeitungstools ermöglicht es Jung und Alt, ihrer Kreativität freien Lauf zu lassen und Erinnerungen auf unterhaltsame Weise festzuhalten. Virtual-Reality-Spiele bieten eindringliche Erlebnisse, die alle unterhalten, von den jüngsten bis zu den ältesten Familienmitgliedern.

Technische Kompetenz wird zu einer Brücke für die Familienzusammenf ührung. Ältere Menschen haben oft Freude daran, sich über den digitalen Datenschutz auszutauschen und mithilfe von KI-Tools zu erklären, wie wichtig es ist, im Internet sicher zu sein. Dieser Rollentausch - bei dem die Großeltern zu Lehrern werden - vertieft den Respekt und das Verständnis zwischen den Familienmitgliedern. Ich habe Geschichten gehört, in denen sich gemeinsame technische Herausforderungen in verbindende Momente verwandelten und die Beziehungen stärkten. Eine Großmutter erzählte, wie sie mit ihrem Enkel eine knifflige App in Angriff nahm und beide lachten und lernten, als sie das Problem gemeinsam lösten. Diese gemeinsamen Momente schaffen bleibende Erinnerungen und beweisen, dass Technologie kein Hindernis ist, sondern ein starkes Bindeglied zwischen den Generationen sein kann.

Videoanrufe leicht gemacht mit AI

Stellen Sie sich vor, Sie chatten mit Ihren Lieben und haben das Gefühl, dass sie direkt bei Ihnen sind. KI bereichert Videokonferenzen und verbessert Ihr Erlebnis mit Funktionen wie der automatischen Rauschunterdrückung, die dafür sorgt, dass Gespräche klar und deutlich sind, indem sie Hintergrundgeräusche herausfiltert. Die Gesichtserkennung verbessert die Videoqualität, indem sie sich auf Sie konzentriert und so für scharfe Bilder sorgt. Das Einrichten von Videoanrufen ist einfacher, als es scheint. Verbinden Sie zunächst Ihre App für Videoanrufe mit einem intelligenten Gerät - Ihrem Telefon oder Tablet. Folgen Sie den Anweisungen der App, um die Geräte nahtlos zu verbinden. Planen Sie Anrufe ganz einfach, indem Sie Einladungen direkt über die App versenden, damit alle Beteiligten auf derselben Seite stehen.

Gesichter zu sehen bringt eine einzigartige Freude und vertieft die Verbindungen durch virtuelle Zusammenkünfte. KI-Tools imitieren persönliche Interaktionen und überbrücken physische Distanzen mit digitaler Wärme. Ich habe inspirierende Geschichten von Senioren gehört, die Videoanrufe meistern und zögerliche Anfänge in selbstbewusste virtuelle Familientreffen verwandeln. Ein Herr erzählte, wie regelmäßige Anrufe mit seinen Enkeln im ganzen Land ihre Bindung wiederbelebten und die Technologie zu einer emotionalen Lebensader machten.

AI-Tools für das Social Media Management

Die Nutzung von KI für soziale Medien kann sich wie die Entdeckung einer neuen Art der Kommunikation anfühlen. Stellen Sie sich vor, Sie nutzen KI-gesteuerte Apps zur Planung von Inhalten, die Updates genau zum richtigen Zeitpunkt posten und Ihre Präsenz ohne ständigen Aufwand lebendig halten. Diese Tools vereinfachen das Engagement und ermöglichen es Ihnen, sich auf die Freude an der Interaktion und nicht auf die Logistik zu konzentrieren. Automatisches Taggen und Organisieren von Fotos bedeutet, dass geschätzte Erinnerungen ordentlich sortiert sind und mit Freunden und Familie geteilt werden können.

Das Navigieren durch die Datenschutzeinstellungen ist eine Herausforderung, doch die KI bietet maßgeschneiderte Vorschläge zur Verbesserung der Sicherheit. Passen Sie die Einstellungen in aller Ruhe an, denn Sie wissen, dass Ihre Daten geschützt bleiben. KI kuratiert personalisierte Feeds und stellt sicher, dass Sie Beiträge von engen Freunden und Familienmitgliedern zuerst sehen. Diese Relevanz sorgt dafür, dass Ihre Social-Media-Erfahrung sinnvoll und ansprechend bleibt. Viele Senioren schwärmen davon, dass sie durch diese kuratierten Feeds alte Freunde wiederfinden und sich über neu geknüpfte Beziehungen freuen. Eine Frau erzählte, wie sie über den Beitrag einer lang verlorenen Schulfreundin stolperte, was zu einem herzerwärmenden Wiedersehen nach Jahrzehnten der Trennung führte. Durch die künstliche Intelligenz werden die sozialen Medien zu mehr als nur einer Plattform; sie werden zu einem Raum für echte Verbindungen und wertvolle Interaktionen, die das tägliche Leben mit jedem Klick bereichern.

Online-Gemeinschaften und KI: Aufbau von Verbindungen

Stellen Sie sich vor, Sie finden online eine Gruppe, in der alle Ihre Liebe zum Stricken oder zur Gartenarbeit teilen. Die künstliche Intelligenz macht dies möglich, indem sie auf bestimmte Interessen zugeschnittene Online-Communities ermöglicht. Diese Plattformen nutzen Empfehlungsalgorit hmen, um Sie mit Gleichgesinnten zu verbinden und Räume zu schaffen, in denen Sie Tipps, Geschichten und Unterstützung austauschen können. Nischen-Communitys für Senioren, wie z. B. KI-gestützte Foren, die sich auf Gesundheits- und Wellness-Diskussionen konzentrieren, bieten einen Ort, an dem man Sorgen besprechen und Erfolge feiern kann. Das Engagement in diesen Gemeinschaften fördert das soziale und emotionale Wohlbefinden. Sie haben die Möglichkeit, Ratschläge auszutauschen, Erfahrungen zu teilen und neue Freunde zu finden, die Ihre Perspektive verstehen. Es gibt zahllose Geschichten von Senioren, die online sinnvolle Verbindungen gefunden haben. Eine Dame erzählte, wie sie eine Brieffreundin in einem anderen Land fand, mit der sie sich über gemeinsame Erfahrungen und kulturellen

Austausch austauschen konnte. Diese virtuellen Freundschaften bieten Trost und Kameradschaft und beweisen, dass Entfernung kein Hindernis für eine echte Verbindung ist.

KI und E-Mail: Vereinfachung der Kommunikation

E-Mails können zu einer entmutigenden Aufgabe werden, aber KI-Tools ändern das. Stellen Sie sich einen intelligenten Assistenten vor, der Ihren Posteingang sortiert, wichtigen Nachrichten Priorität einräumt und Spam herausfiltert. So bleibt Ihr Posteingang aufgeräumt und überschaubar. KI-gesteuerte Spamfilter verbessern die Organisation und sorgen dafür, dass nur relevante E-Mails Ihre Aufmerksamkeit erregen. Automatisierung kann auch Ihre Arbeitsbelastung verringern. Richten Sie automatische Antworten für schnelle Antworten ein, um Zeit zu sparen und die Verbindungen reibungslos aufrechtzuerhalten.

Sicherheit bleibt entscheidend. KI steht Wache, erkennt Phishing-Versuche und schützt Ihre Privatsphäre. Diese Tools schaffen ein sichereres digitales Umfeld, in dem Sie unbesorgt kommunizieren können. Senioren finden oft Erleichterung in der verbesserten Effizienz und berichten, wie KI ihr E-Mail-Management verändert hat. Eine Person war erstaunt, wie schnell sie mit Hilfe von KI lernte, sich in ihrem Posteingang zurechtzufinden, was den Stress reduzierte und die Produktivität erhöhte.

Zusammenfassend lässt sich sagen, dass KI die Kommunikation nahtlos und sicher machen und Verbindungen mit Leichtigkeit fördern kann. Im weiteren Verlauf werden wir untersuchen, wie KI Gesundheit und Wohlbefinden verbessert und neue Möglichkeiten bietet, das Wohlbefinden und die Unabhängigkeit im täglichen Leben zu erhalten.

4

Kapitel 4: Gesundheit und Wellness mit AI

Überwachung Ihrer Gesundheit mit AI Wearables

Stellen Sie sich ein Armband vor, das nicht nur die Zeit anzeigt, sondern auch leise Ihren Herzschlag überwacht und dafür sorgt, dass alles richtig tickt. Das ist die Magie von KI-gesteuerten Gesundheits-Wearables. Diese intelligenten Geräte verfolgen wichtige Gesundheitsdaten und bieten Einblicke in die Rhythmen Ihres Körpers. Herzfrequenzmesser überwachen die Herz-Kreislauf-Gesundheit und alarmieren Sie, wenn etwas nicht in Ordnung zu sein scheint. Und dann gibt es noch die Schlafüberwachung, die Ihr Schlafverhalten analysiert und Ihnen dabei hilft, erholsamere Nächte zu verbringen und sich jeden Morgen erfrischt zu fühlen.

Bei der Wahl des richtigen Wearables sollten Sie auf einige wichtige Funktionen achten. Achten Sie auf die Kompatibilität mit Ihrem Smartphone, da eine nahtlose Synchronisierung die Datenerfassung vereinfacht. Achten Sie auf benutzerfreundliche Oberflächen, die die Navigation vereinfachen, damit Sie mühelos auf Informationen zugreifen können. Diese Geräte können wichtige Gesundheitsentscheidungen treffen, da sie Erkenntnisse in Echtzeit liefern. Warnungen bei abnormalen Messwerten dienen als Frühwarnsystem, so dass Sie rechtzeitig einen Arzt aufsuchen können.

Ich habe von Senioren gehört, die mit Wearables frühzeitig Herzprobleme entdeckt haben, was zu einem schnellen medizinischen Eingriff und besseren Ergebnissen führte. Diese Erfolgsgeschichten verdeutlichen das transformative Potenzial von KI im persönlichen Gesundheitsmanagement, das gewöhnliche Accessoires in lebensverbessernde Werkzeuge verwandelt.

AI für mentales Wohlbefinden: Kognitionsübungen

Stellen Sie sich vor, Sie sitzen vor einem Tablet und erkunden Gehirntrainings-Apps, die Ihren Verstand schärfen sollen. Diese KI-gesteuerten Tools bieten personalisierte Herausforderungen, die sich Ihren Fortschritten anpassen und das mentale Training sowohl effektiv als auch ansprechend gestalten. Sie bieten Aktivitäten wie Gedächtnisspiele und Rätsel, die Ihre Erinnerungs- und Problemlösungsfähigkeiten testen und Sie sanft dazu anregen, Ihre kognitiven Grenzen zu erweitern. Das Schöne an der künstlichen Intelligenz ist die Fähigkeit, diese Übungen auf Ihre individuellen Bedürfnisse zuzuschneiden, damit jede Sitzung genau das Richtige für Sie ist.

Wenn Sie diese Übungen in Ihre Routine einbeziehen, können Sie Ihre geistige Beweglichkeit verbessern und Ihr Gehirn ähnlich trainieren wie Ihren Körper beim Spazierengehen. Solche Programme spielen eine wichtige Rolle bei der Erhaltung der emotionalen und kognitiven Gesundheit und können das Risiko eines kognitiven Rückgangs verringern. Viele Senioren haben berichtet, wie diese KI-Tools ihnen geholfen haben, ihre geistige Schärfe zu erhalten. Ein Erfahrungsbericht stammt von einem Herrn, der sich nach regelmäßigen Sitzungen mit seiner Lieblings-App konzentrierter und wacher fühlte und sie dafür lobte, dass sie aus einem banalen Teil seines Tages einen angenehmen Teil machte.

KI für Fitness: Personalisierte Trainingspläne

Stellen Sie sich einen Personal Trainer vor, der Ihr Training individuell gestaltet und es an Ihre Fortschritte anpasst. KI bietet maßgeschneiderte Trainingspläne, die Ihrem Fitnessniveau entsprechen und sich mit Ihren Fähigkeiten weiterentwickeln. Egal, ob Sie mit sanften Dehnübungen oder kräftigen Routinen beginnen, diese Pläne passen sich Ihren Fortschritten an. Die Integration von KI-Fitness-Tools in den Alltag wird durch Trainingserin nerungen erleichtert, die Ihnen helfen, konsequent zu bleiben. So wird das Training zu einem regelmäßigen Bestandteil Ihres Tages.

KI im Fitnessbereich bietet erhebliche Motivationsvorteile. Virtuelles Coaching bietet Ermutigung und Verantwortlichkeit, mit Feedback, um Ihre Form zu verfeinern. KI-Trainer können zum Beispiel während anspruchsvoller Trainingseinheiten anfeuern. Viele Senioren haben sich mit Hilfe von KI verändert. Ein Freund begann mit Spaziergängen, baute allmählich seine Ausdauer auf und absolvierte unter Anleitung der KI einen 5 km langen Lauf. Solche Geschichten zeigen, dass man mit digitaler Hilfe in jedem Alter seine Fitnessziele erreichen kann.

Verwaltung von Medikamenten mit KI

Stellen Sie sich ein kleines Gerät auf Ihrem Schreibtisch vor, das sanft piept, wenn es Zeit für Ihre nächste Pille ist. KI-Tools für das Medikamentenmanage ment vereinfachen die Einhaltung der Einnahmevorschriften mit Funktionen wie Pillenerinnerungen und automatischen Nachtfüllbenachrichtigungen. Diese Erinnerungen stellen sicher, dass Sie keine Dosis verpassen, während Nachfüllwarnungen Ihre Rezepte auf dem neuesten Stand halten. Um KI sicher im Medikamentenmanagement einzusetzen, ist es wichtig, die KI-Empfehlungen mit den Gesundheitsdienstleistern abzustimmen. Dieser Schritt gewährleistet Genauigkeit und vermeidet potenzielle Probleme. KI spielt eine wichtige Rolle bei der Reduzierung von Medikationsfehlern, indem sie Medikamente auf Wechselwirkungen hin überprüft und so die Sicherheit und Zuverlässigkeit erhöht. Viele Senioren haben mit diesen Erinnerungen Erfolg bei der Einhaltung von Zeitplänen, was die Gesundheitsergebnisse erheblich verbessert.

Diät und Ernährung: KI-gesteuerte Einblicke

Stellen Sie sich KI als Ihren persönlichen Koch vor, der Mahlzeitenpläne auf Ihre Geschmacksnerven und Ernährungsbedürfnisse zuschneidet. Diese Anwendungen berücksichtigen Ihre Vorlieben, ob Sie Vegetarier sind oder bestimmte Einschränkungen haben, und schlagen Ihnen Mahlzeiten vor, die Sie sowohl zufriedenstellen als auch gesund halten. Sie analysieren Ihre Essgewohnheiten und machen Vorschläge für eine ausgewogene Ernährung, um sicherzustellen, dass Ihre Nährstoffzufuhr genau richtig ist.

Das Nachverfolgen Ihrer Mahlzeiten ist ein Kinderspiel. Protokollieren Sie Ihre Mahlzeiten und erhalten Sie Feedback zu Ihrer Ernährungsbilanz, damit Sie fundierte Entscheidungen darüber treffen können, was auf Ihren Teller kommt. KI kann auch bei der Gewichtskontrolle helfen, indem sie Veränderungen des Gewichts und der Körperzusammensetzung aufzeichnet und so Erkenntnisse liefert, die helfen, den Fortschritt effektiv zu überwachen.

Denken Sie an eine Freundin, die mit Hilfe von KI ihre Ernährungsgewohnheiten angepasst hat und dabei eine Verbesserung ihres Energieniveaus und ihres allgemeinen Wohlbefindens feststellte. Bei diesen Tools geht es nicht nur darum, sich richtig zu ernähren - es geht darum, die Lebensqualität durch informierte Ernährungsentscheidungen zu verbessern. Senioren haben berichtet, dass sie mit Hilfe von künstlicher Intelligenz gesundheitliche Meilensteine erreicht haben und ihren Umgang mit Lebensmitteln und Ernährung mit Hilfe von speziell auf sie zugeschnittenen Anleitungen verändert haben.

KI im Gesundheitswesen: Was Sie wissen müssen

KI revolutioniert das Gesundheitswesen und macht es präziser und effizienter. Stellen Sie sich vor, dass KI-Algorithmen Krankheiten früher als je zuvor erkennen können, z. B. durch das Aufspüren subtiler Veränderungen in bildgebenden Scans, die dem menschlichen Auge entgehen könnten. Diese Fortschritte bedeuten, dass personalisierte Behandlungspläne, die genau auf die gesundheitlichen Bedürfnisse des Einzelnen zugeschnitten sind, zur Norm werden. Doch auch wenn die KI bessere Ergebnisse für die Patienten bringt, gibt es einen Kompromiss, der Bedenken hinsichtlich des Datenschutzes mit sich bringt. Es ist wichtig, diese Vorteile und Grenzen abzuwägen.

Bei der Navigation durch KI-gesteuerte Gesundheitsdienste können die richtigen Fragen den Unterschied ausmachen. Erkundigen Sie sich, wie KI in Ihrer Versorgung eingesetzt wird und welche Auswirkungen sie auf Ihre Behandlung hat. Es gibt zahlreiche Beispiele aus der realen Welt, die die Auswirkungen von KI zeigen: Patienten erfahren eine verbesserte Versorgung durch rechtzeitige Interventionen und präzise Diagnosen. Eine Erfolgsgeschichte ist die eines Seniors, dessen Leben durch einen KI-Alarm gerettet wurde, der einen kritischen Zustand frühzeitig erkannte.

Am Ende dieses Kapitels wird deutlich, dass KI die Art und Weise, wie wir an Gesundheit herangehen, verändert und neue Werkzeuge für eine bessere Versorgung bietet. In unserem nächsten Kapitel werden wir untersuchen, wie KI u.a. bei der Finanzverwaltung hilft und so die Unabhängigkeit und Sicherheit im täglichen Leben weiter verbessert.

5

Kapitel 5: Verbesserung der täglichen Aufgaben durch KI

Stellen Sie sich einen Tag vor, an dem Ihr Terminkalender dank KI mühelos funktioniert. Diese Tools funktionieren wie unermüdliche persönliche Assistenten, die Kalender verwalten, Erinnerungen versenden und optimale Termine vorschlagen. KI-gesteuerte Apps lernen Ihre Routine und priorisieren Aufgaben mit minimalen Eingaben, und die Synchronisierung zwischen verschiedenen Geräten gewährleistet die Erreichbarkeit auf Ihrem Telefon, Tablet oder Computer. Dies reduziert nicht nur den Planungsstress, sondern verhindert auch, dass Termine doppelt gebucht oder verpasst werden, was zu einer emotionalen Entlastung führt.

Viele Senioren entdecken die Freiheit mit der KI-Planung. So hat beispielsweise eine KI-App die täglichen Aufgaben eines Freundes rationalisiert, die Produktivität erhöht und das Chaos reduziert. Durch die Automatisierung der alltäglichen Planung können Sie sich auf das Wesentliche konzentrieren, anstatt Termine zu verwalten. Die Synchronisierung von Kalendern über alle Geräte hinweg sorgt dafür, dass Sie immer auf dem neuesten Stand sind. Diese Tools unterstützen Sie und sorgen für mehr Ruhe und eine bessere Organisation.

Abschnitt zur Reflexion: Notieren Sie die täglichen Aufgaben, die Sie als zeitraubend empfinden, und überlegen Sie, wie KI-Planung diese Aufgaben vereinfachen könnte.

KI in der Hausarbeit: Intelligente Reinigungsgeräte

Stellen Sie sich vor, Ihre Böden sind blitzsauber, ohne dass Sie einen Finger rühren müssen. Treten Sie ein in die Welt der KI-gesteuerten Reinigungsgeräte. Staubsaugerroboter navigieren mit intelligenter Technologie durch Ihr Zuhause, weichen Hindernissen effizient aus und sorgen für schmutzfreie Oberflächen. Diese raffinierten Geräte arbeiten nach einem von Ihnen festgelegten Zeitplan und reinigen in den Randzeiten, so dass Ihr Zuhause makellos bleibt, während Sie sich entspannen oder weiteren Freizeitaktivitäten nachgehen. Automatisierte Rasenmäher pflegen Ihren Garten mit ähnlicher Leichtigkeit und trimmen das Gras, ohne dass Sie ins Schwitzen kommen müssen.

Das Einrichten dieser Geräte ist in der Regel ein Kinderspiel. Bei Staubsaugern platzieren Sie einfach die Ladestation an einer zugänglichen Stelle, programmieren Ihre bevorzugten Reinigungszeiten und lassen den Roboter den Rest erledigen. Es können Zonen definiert werden, um sich auf stark frequentierte Bereiche zu konzentrieren oder empfindliche Bereiche zu vermeiden. Ich habe von vielen gehört, für die das Putzen jetzt weniger lästig ist und die dadurch mehr Zeit für Hobbys und Familie haben. Eine Seniorin staunte darüber, wie ihr Staubsaugerroboter nicht nur ihr Haus aufräumte, sondern auch unerwartete Freude und Erleichterung von der täglichen Reinigungslast brachte.

Finanzverwaltung: KI für die Budgetierung

Stellen Sie sich vor, Sie könnten Ihre Finanzen mit ein wenig Hilfe von KI in den Griff bekommen. Diese Tools verwandeln die Budgetierung von einer beängstigenden Aufgabe in etwas Überschaubares und sogar

Aufschlussreiches. KI-Apps verfolgen die Ausgaben und kategorisieren sie automatisch, so dass Sie einen klaren Überblick darüber erhalten, wohin Ihr Geld fließt. Mithilfe von prädiktiven Analysen helfen sie Ihnen auch bei der Zukunftsplanung, indem sie Ihnen vorschlagen, wie viel Sie sparen oder ausgeben sollten. Diese Klarheit kann Ihnen die Gewissheit geben, dass Ihre Finanzen in Ordnung sind.

Um Ihre Finanzdaten zu schützen, sollten Sie Warnmeldungen für ungewöhnliche Ausgaben einrichten. Diese Benachrichtigungen wirken wie ein Wachhund, der dafür sorgt, dass Ihr Geld sicher bleibt. KI vereinfacht komplexe Finanzaufgaben, indem sie visuelle und anschauliche Berichte erstellt, die das Verständnis Ihrer finanziellen Situation erleichtern. Viele Senioren haben ihre finanziellen Ziele mit Hilfe von KI erreicht und finden es lohnend, zu sehen, wie ihre Ersparnisse wachsen oder ihre Schulden abnehmen. Ein Ehepaar nutzte beispielsweise eine KI-App, um einen Traumurlaub zu planen und jeden Cent zu verfolgen, um ihn zu verwirklichen. Mit diesen Tools wird finanzielle Kompetenz nicht nur ein Ziel, sondern eine Realität, die Sie in die Lage versetzt, Ihr Geld mit Selbstvertrauen und Leichtigkeit zu verwalten.

KI beim Einkaufen: Intelligente Lebensmittellisten

Stellen Sie sich vor, Sie schlendern dank KI mit Ihrer Liste im Gepäck durch den Supermarkt. Diese Tools können Listen auf der Grundlage von Essensplänen erstellen, damit Sie keine wichtigen Zutaten vergessen. Dabei geht es nicht nur um Bequemlichkeit: KI-gesteuerte Plattformen schlagen Ihnen alternative Produkte vor, die gerade im Angebot sind, und helfen Ihnen so, ohne viel Aufwand zu sparen. Digitale Coupons und Preisverg leichsfunktionen optimieren Ihren Einkauf zusätzlich und machen ihn kostengünstiger. Durch die geräteübergreifende Synchronisierung von Listen haben Sie Ihre Liste immer zur Hand, egal ob Sie zu Hause oder unterwegs sind. Viele Senioren empfinden das Einkaufen mit diesen Hilfsmitteln als weniger stressig. Ein Freund erzählte, wie KI-Apps seine wöchentlichen Supermarktbesuche zu einem reibungslosen, angenehmen Erlebnis machten, so dass ihm mehr Zeit für andere Aktivitäten blieb.

Organisieren von Digitalfotos mit AI

Stellen Sie sich Ihr digitales Fotoarchiv wie eine gut organisierte Schatzkammer vor. KI kann unübersichtliche Sammlungen in ordentlich sortierte Erinnerungen verwandeln. Anwendungen kennzeichnen und sortieren Fotos automatisch, indem sie Algorithmen verwenden, um Gesichter zu erkennen und Bilder nach Ort oder Ereignis zu kategorisieren. Das bedeutet, dass die Suche nach einem Bild von dem schönen Strandausflug vor zwei Sommern so einfach ist wie die Eingabe von "Strand" in eine Suchleiste. Die Erstellung personalisierter Fotoalben wird mit KI-Tools zum Kinderspiel, die eine Auswahl nach Themen oder Zeiträumen zusammenstellen können.

Um die Sammlung übersichtlich zu halten, werden regelmäßig Sicherungskopien auf einem Cloud-Speicher angelegt, um Ihre Bilder zu schützen und gleichzeitig Speicherplatz auf dem Gerät freizugeben. Die Gesichtserkennungstechnologie verbessert die Suche und den Abruf, sodass Sie Bilder von geliebten Menschen schnell wiederfinden und die schönsten Momente noch einmal ganz einfach erleben können. Ich habe von vielen Senioren gehört, die Freude an KI-kuratierten Diashows haben, in denen sie Familienfeiern oder Urlaube nahtlos wiedererleben können. Eine Freundin erzählte mir, wie diese von der KI mühelos erstellten Diashows ihr Freudentränen in die Augen trieben, weil sie damit jederzeit geliebte Erinnerungen wieder aufleben lassen konnte. Solche Erfahrungen verdeutlichen den emotionalen Reichtum, den KI für die Bewahrung und den Genuss der eingefangenen Momente des Lebens mit sich bringt.

Fehlerbehebung bei allgemeinen AI-Geräteproblemen

Schluckauf mit KI-Geräten ist eine gemeinsame Erfahrung. Häufig treten Verbindungsprobleme auf, so dass die Geräte nicht reagieren oder langsam sind. Sprachassistenten interpretieren Befehle trotz ihrer Raffinesse manchmal falsch, was zu Frustration führt. Diese Herausforderungen sind zwar weit verbreitet, können aber mit ein paar praktischen Schritten überwunden werden.

Überprüfen Sie zunächst Ihre Internetverbindung; stellen Sie sicher, dass sie stabil ist. Wenn die Probleme weiterhin bestehen, sollten Sie das Gerät auf die Werkseinstellungen zurücksetzen, damit es neu starten kann. Regelmäßige Wartung, wie z. B. die Planung von Software-Updates, sorgt für einen reibungslosen Betrieb der Geräte. Durch Updates werden häufig Fehler behoben und die Leistung verbessert.

Viele haben nach erfolgreicher Fehlerbehebung ihr Vertrauen zurückgewonnen. Eine Seniorin konnte ein hartnäckiges Problem durch einen einfachen Neustart ihres Geräts lösen und stellte fest, dass dies weniger beängstigend war als zunächst befürchtet.

Wenn Sie diese Optionen kennen, können Sie mit technischen Störungen besser umgehen. Denken Sie beim Übergang zum nächsten Kapitel darüber nach, wie KI weiterhin verschiedene Aspekte des täglichen Lebens verbessert und jede Aufgabe handhabbarer und angenehmer macht. Bleiben Sie neugierig und nutzen Sie das Potenzial der Technologie, um Ihre Welt zu vereinfachen.

6

Kapitel 6: Datenschutz und Sicherheit im Zeitalter der KI

Verständnis des Datenschutzes: Der Schutz Ihrer Informationen

I n der heutigen digitalen Welt ist der Schutz personenbezogener Daten, wie z. B. Ihres Namens und Ihrer Einkaufsgewohnheiten, so wichtig wie der Schutz von Einkäufen auf einem belebten Markt. Der Datenschutz stellt sicher, dass Ihre Daten nicht ohne Ihre Zustimmung weitergegeben werden. KI-Systeme nutzen diese Daten, um das Einkaufserlebnis zu verbessern, indem sie Produktvorschläge machen oder sich an Vorlieben erinnern. Es besteht jedoch das Risiko von Datenschutzverletzungen und Identitätsdiebstahl, wie beispielsweise bei der versehentlichen Weitergabe von Bankdaten im Internet, die zu finanziellen Verlusten führt. Solche Vorfälle machen deutlich, dass Wachsamkeit geboten ist.

Um Ihre Daten zu schützen, verwenden Sie sichere, eindeutige Passwörter für jedes Konto und ändern Sie diese regelmäßig. Aktualisieren Sie regelmäßig die Sicherheitsfragen. Datenschutzorientierte Browser können das Tracking minimieren, und Warnsysteme für Datenschutzverletzung en können Sie über potenzielle Risiken informieren. Diese Schritte sind entscheidend für die Wahrung der digitalen Privatsphäre in einer vernetzten Welt.

Kurz-Checkliste für den Datenschutz

- Verwenden Sie komplexe Kennwörter mit Buchstaben und Symbolen
- Aktualisieren Sie Passwörter alle sechs Monate
- Erwägen Sie einen Passwort-Manager für mehr Komfort
- Aktivieren Sie die Zwei-Faktor-Authentifizierung für Konten

Sicheres Surfen mit KI-Unterstützung

Sich sicher im Internet zu bewegen, kann sich anfühlen wie das Überqueren einer belebten Straße. KI-Tools wie Werbeblocker und Erweiterungen zum Schutz vor Tracking fungieren als Wächter auf der Kreuzung und halten unerwünschte Pop-ups und Tracker fern. Moderne Browser verfügen über diese Funktionen, die Ihre Online-Sicherheit erhöhen. Achten Sie beim Surfen auf HTTPS in der URL einer Website - es ist wie ein Vorhängeschloss, das auf Sicherheit hinweist. Seien Sie auf der Hut vor Websites, bei denen dieses Schloss fehlt oder die nach unnötigen persönlichen Daten fragen. Bewegen Sie den Mauszeiger über Links, um deren Ziel zu erkennen, bevor Sie darauf klicken, und vermeiden Sie so mögliche Fallen. Viele Senioren haben mit Hilfe dieser Tools ein sicheres Gefühl gefunden und können mühelos eine sichere digitale Präsenz aufrechterhalten. Mit der Hilfe von AI können Sie das Internet selbstbewusst erkunden und wissen, dass Sie vor Online-Bedrohungen geschützt sind.

Erkennen und Vermeiden von Betrug mit AI

Online-Betrügereien zielen auf Senioren ab und nutzen Vertrauen und Neugierde aus. Stellen Sie sich eine E-Mail vor, in der behauptet wird, Sie müssten dringend etwas unternehmen, um Ihr Bankkonto zu sichern, oder eine freundliche Stimme am Telefon, die Ihnen technischen Support für einen Computervirus anbietet, den Sie nie hatten. Betrüger in den sozialen Medien geben sich oft als Freunde aus, die schnelle finanzielle Hilfe benötigen, während gefälschte Online-Shops Sie dazu verleiten, Ihre Kreditkartendaten anzugeben. Zum Glück können KI-Tools dabei helfen, diese Betrügereien zu erkennen. Sie analysieren E-Mails auf Phishing-Hinweise und überwachen Finanz-Apps auf ungewöhnliche Aktivitäten, um Sie vor potenziellen Bedrohungen zu warnen. Wenn Sie online die Echtheit eines Anbieters überprüfen, sollten Sie die Informationen immer gegenprüfen. Lesen Sie Bewertungen und bestätigen Sie Quellen, bevor Sie mit dem Unternehmen interagieren. KI-Betrugswarnungen haben viele Senioren in die Lage versetzt, ihre Finanzen wirksam zu schützen. So erhielt beispielsweise eine Freundin eine Benachrichtigung über eine ungewöhnliche Banktransaktion, so dass sie den unbefugten Zugriff schnell unterbinden konnte. Die Einführung dieser KI-Tools kann Ihre Online-Erfahrung von einem Risiko in ein sicheres Erlebnis verwandeln und Ihnen ein sorgenfreies Leben in der digitalen Welt ermöglichen.

Sichere Nutzung von AI-Geräten in Ihrem Zuhause

Stellen Sie sich vor, Ihr Zuhause wäre mit intelligenten Geräten ausgestattet, die wie digitale Wächter agieren. Diese Geräte verfügen über Sicherheit sfunktionen wie Zwei-Faktor-Authentifizierung und Datenverschlüsselu ng, die sicherstellen, dass Ihre persönlichen Daten geschützt bleiben. Die Zwei-Faktor-Authentifizierung bietet eine zusätzliche Sicherheitsebene, da vor dem Zugriff auf Ihr Gerät ein zweiter Verifizierungsschritt, z. B. ein SMS-Code, erforderlich ist. Bei der Verschlüsselung werden die Daten verschlüsselt, so dass sie während der Übertragung für Außenstehende nicht lesbar sind, ähnlich wie beim Versand eines verschlüsselten Briefes.

Die Einrichtung eines sicheren Heimnetzwerks ist unerlässlich. Verwenden Sie starke Wi-Fi-Passwörter, die Buchstaben, Zahlen und Symbole kombinieren, um unbefugten Zugriff zu vereiteln. Aktualisieren Sie regelmäßig die Geräte-Firmware, um Sicherheitslücken zu vermeiden. Ziehen Sie in Erwägung, Ihr Netzwerk zu segmentieren und intelligente Geräte auf einem separaten Kanal von Personalcomputern zu platzieren.

Die ordnungsgemäße Konfiguration der Geräteeinstellungen ist entscheidend. Deaktivieren Sie unnötige Funktionen oder Zugangspunkte, um potenzielle Einfallstore für Cyber-Bedrohungen zu reduzieren. Ich habe Senioren kennengelernt, die mit einer sicheren Smart-Home-Einrichtung ihren Seelenfrieden genießen. Ein Ehepaar erzählte, dass ihre intelligenten Schlösser und Kameras ihnen die Gewissheit verschafften, dass ihr Haus auch bei Abwesenheit überwacht wurde. Diese kleinen Anpassungen verwandeln das Zuhause in einen sicheren Hafen, in dem die Technologie ihren Dienst verrichten kann, ohne sich einzumischen.

Verwalten von Berechtigungen und Einstellungen für den Datenschutz

Die Verwaltung von App- und Geräteberechtigungen ist entscheidend für die Kontrolle des Zugriffs auf Ihre persönlichen Daten. Überprüfen Sie auf Ihrem Smartphone regelmäßig die App-Berechtigungen. Stellen Sie sich das so vor, dass Sie entscheiden, welchen Freunden Sie bestimmte Aufgaben anvertrauen. Einige Apps bitten um Zugriff auf Ihre Fotos, Ihren Standort oder Ihre Kontakte - gewähren Sie den Zugriff nur, wenn er Ihnen wirklich nützt. Passen Sie die Berechtigungen in den Einstellungen Ihres Telefons an, um sicherzustellen, dass Apps nur auf notwendige Informationen zugreifen. Auch KI-Geräte werden oft mit Standardeinstellungen geliefert, die nicht immer datenschutzfreundlich sind. Informieren Sie sich über diese Einstellungen, um die Optionen für die Datenfreigabe zu verwalten. Legen Sie Erinnerungen fest, um diese Einstellungen regelmäßig zu überprüfen, ähnlich wie bei der Kontrolle von Rauchmeldern.

KI vereinfacht die Verwaltung der Privatsphäre, indem sie auf der Grundlage Ihres Nutzungsverhaltens Anpassungen vorschlägt. Diese Tools geben maßgeschneiderte Empfehlungen, um die Sicherheit zu erhöhen, damit Sie unbesorgt surfen können. Ich erinnere mich an die Geschichte einer Seniorin, die durch informierte Einstellungen die Kontrolle über ihre Daten übernommen hat und dadurch neues Vertrauen in ihre digitalen

Interaktionen gewonnen hat. Eine solche Sorgfalt schützt nicht nur die Privatsphäre, sondern gibt den Nutzern auch die Möglichkeit, ohne Bedenken mit der Technologie umzugehen.

KI und ethische Erwägungen: Was Senioren wissen sollten

Stellen Sie sich vor, dass KI dabei hilft, zu entscheiden, wer einen Kredit bekommt, oder sogar Einfluss auf medizinische Behandlungen nimmt. Diese Macht wirft ethische Fragen auf, insbesondere wenn sich Voreingenommenheit in die Entscheidungen einschleicht. Der Spagat zwischen Privatsphäre und Komfort kann sich wie eine Gratwanderung anfühlen, bei der die Weitergabe von Daten zwar das Leben erleichtert, aber auch Risiken birgt. Es ist wichtig, die Nutzungsbedingungen zu verstehen; sie sind nicht nur eine Formalität, sondern erklären, wie Ihre Daten verwendet werden. Transparenz ist der Schlüssel, und wenn Sie die Auswirkungen kennen, können Sie eine fundierte Entscheidung treffen. Es gibt KI-Anwendungen, die den Schutz der Privatsphäre und Fairness in den Vordergrund stellen und einen verantwortungsvollen Umgang mit der Technik demonstrieren. Senioren spielen eine wichtige Rolle beim Eintreten für ethische KI, indem sie sich an Gemeinschaftsforen und Diskussionen über KI-Ethik beteiligen. Ihre Stimme ist wichtig, denn sie bestimmt mit, wie sich die KI entwickelt, um der Gesellschaft besser zu dienen.

Abschließend lässt sich sagen, dass das Verständnis der ethischen Dimensionen der KI eine informierte Nutzung und Befürwortung fördert und sicherstellt, dass die Technologie ein Werkzeug für das Gute bleibt. Wenn Sie sich diese Erkenntnisse zu eigen machen, können Sie KI mit Zuversicht und Zielstrebigkeit nutzen. Mit diesem Wissen werden wir im nächsten Kapitel die Möglichkeiten erkunden, wie KI Ihren Lebensstil unterstützen kann.

7

Kapitel 7: Erforschung der Auswirkungen von KI auf die Gesellschaft

KI und Arbeitsmärkte: Mythen und Realitäten

Stellen Sie sich eine belebte Straße in der Stadt vor, in der verschiedene Geschäfte florieren, von denen jedes etwas Einzigartiges anbietet. Dies spiegelt den KI-beeinflussten Arbeitsmarkt wider. Entgegen dem Mythos, dass KI Arbeitsplätze abschafft, verändert und schafft sie oft neue Rollen. In der Fertigung arbeiten kollaborative Roboter mit Menschen zusammen, um deren Produktivität zu steigern, anstatt sie zu ersetzen. Ebenso hilft KI bei routinemäßigen Kundenanfragen und entlastet Menschen bei der Bewältigung komplexer Probleme.

Anpassungsfähigkeit und lebenslanges Lernen sind in diesem Umfeld entscheidend. Digitale Kompetenz ist so wichtig wie das Erlernen einer neuen Sprache. Nehmen Sie diese Veränderungen mit Neugierde auf. Viele sind in KI-gestützte Aufgabenbereiche gewechselt. Ich kenne jemanden, der nach einer KI-Schulung einen lohnenden Job mit technischem Hintergrund gefunden hat.

Abschnitt "Reflexion": Überlegen Sie, wie AI Ihre frühere oder aktuelle Rolle verbessern könnte. Ermitteln Sie die zu entwickelnden Fähigkeiten. Was würden Sie erforschen, wenn Sie die Möglichkeit dazu hätten? Notieren Sie Ihre Gedanken, um sie in der sich ständig weiterentwickelnden KI-Landschaft zu berücksichtigen.

KI im Bildungswesen: Chancen für lebenslanges Lernen

Stellen Sie sich vor, Sie sitzen an Ihrem Küchentisch, haben Ihr Tablet geöffnet und arbeiten mit einem KI-Tutor zusammen, der sich an Ihr Tempo anpasst und die Lektionen für Sie personalisiert. Das ist keine Science-Fiction - KI revolutioniert die Bildung, indem sie die Lernpfade an die individuellen Bedürfnisse anpasst. Es gibt Sprach-Lern-Apps, die KI-gesteuertes Feedback verwenden und Ihnen mit Echtzeitkorrekturen helfen, Ihre Sprachkenntnisse zu verbessern. Für Senioren bedeutet dies, dass sie mit Leichtigkeit und Bequemlichkeit neue Wissenswelten erschließen können, indem sie auf Kurse zugreifen, die Inhalte auf der Grundlage ihrer Interessen und Fortschritte empfehlen.

Die künstliche Intelligenz kann nicht nur das Lernen rationalisieren, sondern auch das Engagement mit interaktiven Erlebnissen steigern. Stellen Sie sich vor, Sie nutzen virtuelle Realität, um historische Ereignisse zu erforschen, und lassen die Vergangenheit in lebendigen Details lebendig werden. Senioren machen sich diese Tools zunutze, erlernen neue Fähigkeiten und entfachen neue Leidenschaften, von denen sie dachten, sie seien unerreichbar. Ich habe Geschichten von Menschen gehört, die mit Hilfe von KI-gestützten E-Learning-Plattformen Erfolg haben, Freude an ihren Leistungen finden und andere dazu inspirieren, ähnliche Wege einzuschlagen.

Die Rolle von AI für die ökologische Nachhaltigkeit

Stellen Sie sich eine Stadt vor, in der Energie effizient fließt und KI das Herzstück ist. KI-gesteuerte Systeme optimieren die Energienutzung in intelligenten Städten und steuern Angebot und Nachfrage, um Verschwendung zu minimieren. Diese Systeme sagen den Energiebedarf voraus und passen sich entsprechend an, um den Verbrauch zu senken und die Nachhaltigkeit zu verbessern. Im Naturschutz überwacht die KI Tierpopulationen und nutzt Daten, um gefährdete Arten zu schützen. Sie verfolgt Bewegungen und identifiziert Bedrohungen und unterstützt so die Naturschutzbemühungen mit Präzision.

Das Potenzial der KI bei der Bekämpfung des Klimawandels ist erheblich. Durch die Analyse riesiger Datensätze hilft KI Wissenschaftlern, Klimamuster zu modellieren und Veränderungen mit bemerkenswerter Genauigkeit vorherzusagen. Diese Erkenntnisse fließen in politische Maßnahmen und Strategien zur Eindämmung der Umweltauswirkungen ein. In der Abfallwirtschaft erleichtert die KI automatisierte Recyclingprozesse und sortiert Materialien schneller und genauer als Menschen. Diese Technologie reduziert die Abfallmenge auf den Deponien und erhöht die Recyclingeffizienz.

Gemeinden auf der ganzen Welt setzen KI ein, um ihren CO_2-Fußabdruck zu verringern. In einer Stadt haben KI-gesteuerte Strategien zu einer drastischen Senkung des Energieverbrauchs beigetragen und andere dazu inspiriert, diesem Beispiel zu folgen. Diese Initiativen zeigen, wie KI positive Umweltveränderungen vorantreiben und einen Welleneffekt der Nachhaltigkeit erzeugen kann.

KI und Verkehr: Die Zukunft der Mobilität

Stellen Sie sich eine Welt vor, in der Autos selbst fahren und problemlos durch den Verkehr navigieren, während Sie bequem auf dem Rücksitz Platz nehmen. Autonome Fahrzeuge sind Realität geworden und versprechen nicht nur Komfort, sondern auch Sicherheit und Effizienz. Sie reduzieren menschliches Versagen und können so die Zahl der Unfälle erheblich verringern. Auch öffentliche Verkehrssysteme profitieren von KI. Sie nutzen fortschrittliche Algorithmen, um Routen und Fahrpläne zu optimieren und Verspätungen zu minimieren.

Für ältere Menschen bedeuten diese Fortschritte mehr Unabhängigkeit. Stellen Sie sich vor, Sie nutzen eine Mitfahr-App, die sich Ihren Bedürfnissen anpasst und mit Funktionen wie sprachgesteuerten Buchungen einen einfachen Zugang bietet. KI sorgt für ein nahtloses Erlebnis bei jedem Schritt. Auch bei der Sicherheit gibt es bemerkenswerte Verbesserungen. Vorausschauende Wartungssysteme erkennen Probleme und sorgen dafür, dass öffentliche Verkehrsmittel zuverlässig funktionieren. Viele Senioren genießen heute die Freiheit des KI-gestützten Reisens. Eine Freundin erzählte, wie ein KI-gestützter Dienst es ihr mühelos ermöglichte, ihre Enkelkinder am anderen Ende der Stadt zu besuchen, und so Unabhängigkeit mit Seelenfrieden verband. Diese Geschichten zeigen, wie KI unser Mobilitätserlebnis umgestaltet und es nicht nur zu einer Notwendigkeit, sondern zu einem Vergnügen macht.

AI im öffentlichen Dienst: Verbesserung der Barrierefreiheit

Stellen Sie sich vor, Sie betreten eine Behörde, und statt in einer langen Schlange zu warten, bearbeitet ein KI-Chatbot Ihre Fragen in Windeseile. Diese digitalen Assistenten erledigen Routineanfragen und überlassen es den menschlichen Mitarbeitern, komplexere Aufgaben zu erledigen. Dabei geht es nicht nur um Effizienz, sondern auch darum, die Dienstleistungen reaktionsschnell und zugänglich zu machen. Senioren stoßen in öffentlichen Einrichtungen oft auf Hürden, aber KI überbrückt diese Lücken. Übersetzungstools in öffentlichen Ämtern sind auf verschiedene Sprachen ausgerichtet und stellen sicher, dass jeder die angebotenen Dienstleistungen versteht. Im Gesundheitswesen revolutioniert KI die Zugänglichkeit durch Telemedizin-Plattformen, die Fernkonsultationen mit KI-Diagnosen ermöglichen. Dieser Fortschritt bedeutet, dass Senioren eine hochwertige Pflege erhalten, ohne ihr Zuhause verlassen zu müssen.

Reale Geschichten verdeutlichen die transformative Kraft der KI. Ein Senior erzählte, wie die Optimierung der öffentlichen Gesundheitsdienste den Zugang zu notwendigen Behandlungen zu einem Kinderspiel machte. Diese Fortschritte zeigen, welche Rolle KI bei der Schaffung integrativer, reaktionsschneller öffentlicher Dienste spielt, die den Bedürfnissen aller gerecht werden.

Die Ethik der KI: Ausgleich zwischen Innovation und Verantwortung

Stellen Sie sich KI als ein mächtiges Werkzeug vor, das ein immenses Potenzial bietet, aber auch einen sorgfältigen Umgang damit erfordert. Die moralischen Implikationen von KI-Technologien sind enorm. Voreingenommenheit in KI-Algorithmen kann zu ungerechten Entscheidungen führen, die sich erheblich auf das Leben auswirken. Diese Voreingenommenheit ergibt sich oft aus den Daten, die zum Trainieren dieser Systeme verwendet werden, und spiegelt gesellschaftliche Vorurteile wider. Die Debatte über die KI-Überwachung wirft Fragen des Datenschutzes auf. KI kann zwar die Sicherheit erhöhen, birgt aber auch das Risiko, persönliche Freiheiten zu verletzen.

Transparenz und Rechenschaftspflicht sind entscheidend. Open-Source-KI-Modelle ermöglichen eine Überprüfung durch Fachkollegen und gewährleisten verantwortungsvolle Praktiken. Ethische Richtlinien für die KI-Forschung fördern Fairness und fordern die Entwickler auf, die allgemeinen Auswirkungen ihrer Arbeit zu berücksichtigen. Geschichten von Befürwortern zeigen Einzelpersonen und Gruppen, die sich für ethische Standards einsetzen und Veränderungen in lokalen Projekten anregen. Diese Bemühungen zeigen, dass ein Gleichgewicht zwischen Innovation und Verantwortung angestrebt wird.

In diesem Kapitel wurden die tiefgreifenden gesellschaftlichen Auswirkungen der KI untersucht. Überlegen Sie im weiteren Verlauf, wie diese ethischen Überlegungen unsere Interaktion mit der Technologie beeinflussen. Im nächsten Kapitel werden wir uns mit Themen der KI in Zukunft befassen und ihr transformatives Potenzial zur Verbesserung der u.a. Patientenversorgung und des medizinischen Fortschritts untersuchen.

8

Kapitel 8: Mit KI in die Zukunft

Lebenslanges Lernen: KI als Bildungsbegleiter

E ntdecken Sie neue Fähigkeiten und Kenntnisse in jedem Alter durch KI-gesteuerte Plattformen. Diese Plattformen, wie z. B. KI-gestützte MOOCs, passen das Lernen an Ihren Stil an und ermöglichen die Beherrschung von Themen in Ihrem eigenen Tempo. Vom Spracherwerb mit KI-Feedback bis hin zur Erforschung der Geschichte - diese Tools befriedigen Ihre Neugier, indem sie Inhalte und Schwierigkeitsgrad an Ihren Fortschritt anpassen.

Künstliche Intelligenz ist entscheidend für die Verbesserung der digitalen Kompetenz. Interaktive Tutorials helfen Ihnen, sich sicher in neuen KI-Tools zurechtzufinden. Ich habe Geschichten von Senioren gehört, die mit Hilfe von KI Meilensteine in der Bildung erreicht haben. Ein Herr zum Beispiel lernte über eine App eine neue Sprache und konnte so besser mit seinen Enkelkindern im Ausland kommunizieren. Diese Erfolge zeigen, wie sehr KI das lebenslange Lernen unterstützt.

Abschnitt "Reflexion": Überlegen Sie sich eine neue Fähigkeit oder ein neues Thema, das Sie erforschen möchten. Nutzen Sie KI-Plattformen, um Lernziele zu setzen und Fortschritte effektiv zu verfolgen.

AI für kreative Beschäftigungen: Kunst und Musik

Stellen Sie sich vor, Sie setzen sich mit einem Tablet hin, und statt einer leeren Leinwand, die Sie einschüchtert, führt eine KI-gestützte Zeichen-App Ihre Striche. Diese Tools verfeinern Ihre Technik und bieten Vorschläge, die Ihre künstlerischen Fähigkeiten verbessern. Sie malen nicht einfach nur, sondern erforschen eine neue Dimension der Kreativität, bei der die Technologie zu Ihrer Muse wird. In ähnlicher Weise verwandelt KI-gestützte Musikkomposi tionssoftware Ihre musikalischen Ideen in Sinfonien, selbst wenn Sie noch nie ein Instrument gespielt haben. Diese Plattformen laden zum Experimentieren ein und ermutigen Sie, sich in die Welt des künstlerischen Ausdrucks zu wagen, ohne Angst vor Urteilen oder Misserfolgen.

AI funktioniert nicht nur im Alleingang. Sie glänzt in kollaborativen Kunstprojekten und bringt Künstler über Entfernungen hinweg zusammen. Stellen Sie sich eine virtuelle Leinwand vor, zu der mehrere Künstler beitragen, die jeweils von den Vorschlägen der KI beeinflusst werden. In der Musikbranche ermöglichen KI-gesteuerte Plattformen eine gemeinsame Produktion, bei der verschiedene Stile zu kohärenten Kompositionen verschmelzen. Ich habe Geschichten von Senioren gehört, die durch KI-generierte Kunst ihre Stimme gefunden haben und ihre Kreativität auf eine Weise zum Ausdruck bringen, die sie nie für möglich gehalten hätten. Eine Frau, die früher zögerte, die Technologie anzunehmen, stellt jetzt ihre KI-gestützten Kunstwerke in lokalen Galerien aus und beweist damit, dass Innovation und Fantasie ein starkes Paar sind.

AI in Hobbys: Verbesserung Ihrer Lieblingsbeschäftigungen

Denken Sie daran, wie KI Ihre Gartenarbeit verändern kann. Garten-Apps bieten jetzt KI-gesteuerte Ratschläge zur Pflanzenpflege, schlagen Bewässerungspläne vor oder identifizieren Pflanzenkrankheiten mit einem schnellen Foto-Schnappschuss. Stellen Sie sich vor, Sie nehmen eine atemberaubende Aussicht mit Ihrer Kamera auf und KI-Tools verbessern das Foto automatisch, indem sie Beleuchtung und Fokus für ein professionelles Finish anpassen. Es ist, als hätten Sie einen persönlichen Redakteur in Ihrer Tasche. KI hilft auch dabei, neue Hobbys zu entdecken. Empfehlungsprogramme können Aktivitäten vorschlagen, die auf Ihren Interessen basieren, und so Türen zu Aktivitäten öffnen, die Sie vorher vielleicht nicht in Betracht gezogen hätten, wie Töpfern oder Vogelbeobachtung.

Die Einbindung von KI in die tägliche Freizeitroutine ist ganz einfach. Nutzen Sie Apps, um Ihre Fortschritte bei Hobbys wie Stricken oder Schach zu verfolgen. Diese Tools geben Aufschluss über Ihre Fortschritte und machen die Reise lohnend. Es gibt Geschichten von Hobbyisten, die mit KI-Unterstützung erfolgreich sind. Ein älterer Mensch beherrscht die Fotografie über eine Online-Plattform und hat aus einem gelegentlichen Interesse ein lebendiges Portfolio gemacht. Ein anderer fand seine Freude an der Gartenarbeit, indem er mithilfe einer App einen blühenden Kräutergarten anlegte. KI unterstützt diese Bemühungen und macht Hobbys interessanter und zugänglicher als je zuvor.

Aufbau einer technisch versierten Gemeinschaft: Wissen teilen

Stellen Sie sich vor, Sie treffen sich mit Freunden, die ein gemeinsames Interesse an Technik haben, tauschen Tipps aus und lernen gemeinsam. Dieser Gemeinschaftsgeist fördert das technische Lernen, macht es weniger beängstigend und macht mehr Spaß. Online-Foren und Diskussionsgruppen für KI-Enthusiasten bieten Plattformen zum Erfahrungsaustausch und zur gemeinsamen Problemlösung. In diesen Bereichen ist es einfacher, Fragen zu stellen und Antworten von denjenigen zu erhalten, die mit ähnlichen Herausforderungen konfrontiert waren.

Gruppen in sozialen Medien sind fantastisch für die KI-Bildung. Sie bieten einen Ort, an dem die neuesten Fortschritte diskutiert werden können, so dass jeder auf dem Laufenden bleibt. Erwägen Sie die Organisation lokaler Techniktreffen. Die Veranstaltung von Workshops und Seminaren, die auf Senioren zugeschnitten sind, kann eine unterstützende Umgebung schaffen, in der jeder in seinem eigenen Tempo lernt. Ich habe schon von Senioren gehört, die Tech-Clubs gegründet haben, in denen sie Diskussionen leiten und ihr Wissen über KI weitergeben. Diese Initiativen bauen nicht nur Fähigkeiten auf, sondern fördern auch Freundschaften und das Gefühl, etwas erreicht zu haben. Gemeinschaftliches Lernen verwandelt Unsicherheit in Vertrauen und macht Technologie für alle Beteiligten zugänglich und angenehm.

Auf dem Laufenden bleiben: Mit AI-Nachrichten auf dem Laufenden bleiben

Sich über KI-Fortschritte auf dem Laufenden zu halten, ist unerlässlich, um kontinuierlich zu lernen und die sich ständig verändernde Technologielan dschaft zu verstehen. Stellen Sie sich vor, Sie lesen morgens eine Zeitung, aber diese wird in Echtzeit mit KI-Entwicklungen aus aller Welt aktualisiert. Wenn Sie seriöse Nachrichten-Websites und -Zeitschriften verfolgen, können Sie sich auf dem Laufenden halten, ohne sich überfordert zu fühlen. Richten Sie auf Ihrem Smartphone Nachrichtenalarme ein, um Artikel und Einblicke zu erhalten, sobald sie erscheinen, damit Sie keine wichtigen KI-Themen verpassen.

KI-Tools können auf der Grundlage Ihrer Interessen personalisierte News-feeds erstellen, die das Rauschen herausfiltern und Ihnen Inhalte liefern, die für Sie wichtig sind. Apps wie diese sorgen dafür, dass Sie effizient informiert bleiben, egal ob Sie sich für die Rolle der KI im Gesundheitswesen, im Finanzwesen oder in sozialen Fragen interessieren. Ich habe inspirierende Geschichten von Senioren gehört, die sich intensiv mit KI-Diskussionen und -Foren befassen und dabei Erkenntnisse gewinnen und teilen, die ihr Verständnis bereichern und lebhafte Debatten auslösen. Diese Interaktionen erweitern nicht nur ihr Wissen, sondern fördern auch das Gefühl der Zuge-hörigkeit zu einer Gemeinschaft von Gleichgesinnten, die die faszinierende Welt der künstlichen Intelligenz erforschen.

Ihre AI-Erkundung: Innovation weiter vorantreiben

KI ist ein ständiges Abenteuer, das Sie dazu auffordert, neugierig zu bleiben. Setzen Sie sich Ziele, um KI im täglichen Leben zu erforschen. Vielleicht beginnen Sie damit, zu verstehen, wie KI bei der Organisation persönlicher Aufgaben helfen kann, oder Sie erforschen, wie sie das Gesundheitsmanagem ent vereinfachen kann. Nehmen Sie den technologischen Wandel gelassen hin und passen Sie sich den Neuerungen an. Bei der Nutzung neuer Tools geht es nicht nur darum, Schritt zu halten, sondern auch darum, die Lebensqualität zu steigern. Erstellen Sie einen Fahrplan für das KI-Lernen, indem Sie komplexe Aufgaben in erreichbare Schritte zerlegen.

Senioren haben durch KI ihre Leidenschaften entdeckt, wie digitale Kunst oder virtuelle Freiwilligenarbeit. Diese Geschichten sind inspirierend und zeigen, dass die Beschäftigung mit KI Türen zu unerwarteten Möglichkeiten öffnet. Wenn Sie sich weiter mit KI beschäftigen, sollten Sie daran denken, dass es nicht nur um Technologie geht, sondern auch darum, eine Haltung zu entwickeln, die den Wandel begrüßt. Dieses Kapitel unterstreicht, wie wichtig es ist, sich persönliche Ziele zu setzen und sich an technologische Veränderungen anzupassen, um sicherzustellen, dass Sie in diesem digitalen Zeitalter engagiert und leistungsfähig bleiben. Lassen Sie uns zum Abschluss dieses Kapitels darüber nachdenken, wie KI unser Leben bereichert, und bereiten Sie sich auf unsere nächste Erkundung realer KI-Anwendungen vor, die greifbare Vorteile für das tägliche Leben bringen.

Schlussfolgerung

Zum Abschluss unserer Reise durch die Welt der KI sollten wir uns einen Moment Zeit nehmen, um über die vielen Wege nachzudenken, die wir gemeinsam erforscht haben. Wir haben uns mit den praktischen Aspekten der Nutzung von KI-Tools wie ChatGPT, Alexa und Siri befasst, um das Leben ein wenig einfacher zu machen - vom Schreiben von Nachrichten und der Suche nach Rezepten bis hin zur Planung von Terminen und dem Setzen von Erinnerungen. Bei diesen Tools geht es nicht nur um Technologie, sondern auch darum, Ihre alltäglichen Erfahrungen zu verbessern, ohne sich von technischem Jargon einschüchtern zu lassen.

Die Vision für dieses Buch war immer klar: das tägliche Leben durch KI einfacher zu gestalten, unabhängig von Ihren technischen Kenntnissen. Vergessen Sie nicht, dass KI so konzipiert ist, dass sie intuitiv und benutzerfreundlich ist und Ihnen als hilfreicher Begleiter bei Ihren täglichen Routinen dient. Ob es um Gesundheit und Wohlbefinden geht, um die Optimierung von Hausarbeiten oder sogar um die Förderung von Kreativität - KI ist da, um zu vereinfachen und nicht zu verkomplizieren.

Zu den wichtigsten Erkenntnissen unserer Erkundung gehören die praktischen Anwendungen von KI und die Erkenntnis, dass das Erlernen neuer Technologien eine lohnende Erfahrung sein kann. Es geht darum, anfängliche Ängste zu überwinden und sich von der Neugier leiten zu lassen. Lebenslanges Lernen ist nicht nur ein Schlagwort, sondern eine Aufforderung zur ständigen Erforschung und Anpassung.

Wir haben mit dem Mythos aufgeräumt, dass KI nur etwas für junge oder technisch versierte Menschen ist, und betont, dass diese Tools für jeden geeignet sind. Wenn Sie also vorankommen wollen, sollten Sie ein neues KI-Tool ausprobieren oder sich einer Gemeinschaft von technisch versierten

Senioren anschließen. Diese Schritte können dazu beitragen, dass sich KI reibungslos in Ihr tägliches Leben integrieren lässt und Sie in Kontakt bleiben.

Sollten Sie noch Bedenken haben, denken Sie daran, dass Sie die Reise mit AI in Ihrem eigenen Tempo antreten können. Es gibt keine Eile und keinen Druck - nur die Gelegenheit, neue Möglichkeiten zu erkunden. Ich bin Ihnen sehr dankbar für Ihre Bereitschaft, sich auf diese Ideen einzulassen, und dafür, dass Sie mir vertrauen, Sie zu führen.

Wenn Sie Ihren Weg fortsetzen, sollten Sie diesen Gedanken im Hinterkopf behalten: "Es ist nie zu spät, etwas Neues auszuprobieren." Bei diesem Abenteuer geht es nicht nur um die Entdeckung neuer Technologien, sondern auch um die Entdeckung neuer Facetten von Ihnen selbst. Vielen Dank, dass Sie sich auf diese Reise begeben haben, und auf eine Zukunft voller Neugier, Lernen und der Freude, Neues zu entdecken.

Literaturverzeichnis

- Umgang mit den Ängsten älterer Menschen vor der Nutzung von Technologie https://communitytechnetwork.org/blog/addressing-ol der-adults-fears-of-using-technology/
- *AI zum Wohle der Menschheit: Innovationen in der Altenpflege* https://www. forbes.com/councils/forbestechcouncil/2024/01/30/ai-to-benefit-hum anity-innovations-in-senior-care/
- *AI zum Wohle der Menschheit: Innovationen in der Altenpflege* https://www. forbes.com/councils/forbestechcouncil/2024/01/30/ai-to-benefit-hum anity-innovations-in-senior-care/
- *So richten Sie Alexa ein [Schritt-für-Schritt-Anleitung]* https://reolink.com/ blog/how-to-set-up-alexa/?srsltid=AfmBOoospJJxYNiLusKPCxCf0oK hgnnqPJB6tBsWL2BBA1qCbBhUCaQt
- *Intelligente Haustechnik für Senioren: Technische Lösungen* https://www.ig nitec.com/insights/smart-home-technology-for-seniors-solutions-for-s afe-and-independent-living/
- *Vorteile eines KI-gesteuerten Sprachassistenten für ältere Menschen* https://r andolph.ces.ncsu.edu/2024/03/ai-voice-assistant-aging-adults/
- *Lebensmittelgeschäft AI* https://www.groceryai.com/
- *Wie KI-Begleitroboter älteren Menschen helfen, sich weniger einsam zu fühlen* https://whyy.org/segments/how-ai-companion-robots-are-helping-sen iors-feel-less-lonely/#:~:text=ElliQ%20was%20designed%20by%20Intui tion,he's%20really%20living%20with%20someone.
- *Wie wird KI in der Altenpflege eingesetzt, um das Leben zu verbessern* https://s nfmetrics.com/ai-in-elderly-care/
- *Bleiben Sie in Verbindung mit den besten Video-Chat-Lösungen für ...*

*https://www.*sonidaseniorliving.com/stay-connected-with-the-best-v
ideo-chat-solutions-for-seniors-in-2023/

- *KI und soziale Medien: Senioren in das digitale Leben einbinden* https://aihu
bagents.com/ai-and-social-media-engaging-seniors-in-digital-life/
- *Wie KI Pflegekräfte stärkt und Familien unterstützt* https://richard-a-brow
n.medium.com/how-ai-is-empowering-caregivers-and-supporting-fam
ilies-4cde8dee9b49
- *Technik für gesundes Altern: Die besten Apps und Gadgets für Senioren ...*
https://editverse.com/tech-for-healthy-aging-best-apps-and-gadgets-fo
r-seniors-2024/
- *Mobile App nutzt KI zur Förderung des kognitiven Trainings älterer Menschen
...* https://www.medicaldesignandoutsourcing.com/mobile-app-uses-ai-
to-boost-cognitive-training-in-elderly-patients/
- *Fit bleiben im Alter Wie KI die Lebensqualität verbessern kann...* https://ww
w.pillarflow.com/blog/staying-fit-in-your-golden-years-how-ai-can-pe
rsonalize-elderly-fitness-programs
- *Nutzung von KI für das Medikamentenmanagement* https://www.drugtopi
cs.com/view/utilizing-ai-for-medication-management
- *Die 8 besten KI-Planungsassistenten* https://zapier.com/blog/best-ai-sche
duling/
- *10 großartige Staubsaugerroboter für Menschen, die an Ort und Stelle alt
werden* https://www.reviewed.com/robotvacuums/features/these-best-
robot-vacuums-people-who-aging-place
- *AI Budgetierungs-Tools: Persönliches Finanzmanagement* https://www.sofi.
com/learn/content/ai-budgeting-tools/
- *Top-9 Tools zum Organisieren Ihrer digitalen Fotos mit AI* https://blog.pics.i
o/top-9-tools-to-organize-your-digital-photos-with-ai/
- *Umgang mit Online-Gesundheitsdatenschutzrisiken für ältere Erwachsene*
https://pmc.ncbi.nlm.nih.gov/articles/PMC9039446/#:~:text=Steps%2
0Older%20Adults%20Can%20Take,Online%20Marketers%20and%20D
ata%20Brokers.&text=Individuals%20should%20use%20a%20browser,F
irefox%20and%20Apple's%20Safari%20browser).
- *Google Safe Browsing* https://safebrowsing.google.com/

- *Erkennen und Verhindern von KI-basierten Phishing-Angriffen* https://perc eption-point.io/guides/ai-security/detecting-and-preventing-ai-based-phishing-attacks-2024-guide/
- *Wie Sie Ihr Heimnetzwerk sichern* https://usa.kaspersky.com/resource-ce nter/preemptive-safety/how-to-set-up-a-secure-home-network?srsltid =AfmBOor2YaVbPWIHfnmDGQr9hQ6BBGpyeth0V91ModYifghUklb 3cVzI
- *Auswirkungen der künstlichen Intelligenz in den BLS-Beschäftigungsprognose n* https://www.bls.gov/opub/ted/2025/ai-impacts-in-bls-employment-projections.htm#:~:text=Over%20the%202023%E2%80%9333%20emplo yment,AI%20in%20its%20current%20form.
- *Künstliche Intelligenz: Eine neue Grenze für lebenslanges Lernen* https://ww w.ai4al.eu/artificial-intelligence-a-new-frontier-for-lifelong-learning/#: ~:text=By%20incorporating%20AI%20to%20assess,everyday%20tasks%2 0and%20continuous%20learning.
- *Ökologische Nachhaltigkeit durch KI: 8 Schutzmaßnahmen ...* https://2030.b uilders/8-ways-ai-can-contribute-to-environmental-conservation/
- *Ethische Überlegungen zur künstlichen Intelligenz: ein Überblick ...* https://p mc.ncbi.nlm.nih.gov/articles/PMC7490024/
- *Künstliche Intelligenz: Eine neue Grenze für lebenslanges Lernen* https://ww w.ai4al.eu/artificial-intelligence-a-new-frontier-for-lifelong-learning/
- *KI-Musikplattformen: Revolutionierung der Musikentdeckung und ...* https://flourishprosper.net/music-resources/ai-music-platforms-r evolutionizing-music-discovery-and-curation/
- *Werkzeuge und Anwendungen der künstlichen Intelligenz für ältere Menschen ... https://dl.acm.org/doi/fullHtml/10.1145/3594315.3594347*
- *Online-Kurse für Senioren - Senior Planet von AARP* https://seniorplanet.o rg/classes/

www.ingramcontent.com/pod-product-compliance
Lightning Source LLC
LaVergne TN
LVHW052323060326
832902LV00023B/4567